AF226963

DU REFUS

DES SUBSIDES.

> Non, la France ne veut pas que le Roi rende son épée. (*Discours de M. Royer-Collard*, 17 mai 1820.)

PARIS,

A. PIHAN DELAFOREST,

IMPRIMEUR DE MONSIEUR LE DAUPHIN ET DE LA COUR DE CASSATION,

Rue des Noyers, n° 37.

1829.

LE droit de refuser les subsides est mis en avant : et tandis que l'audace révolutionnaire s'exprime en sa façon accoutumée, on ne sait quelle timidité, quelle circonspection se montre dans le langage des défenseurs de l'ordre public.

« Oui, sans doute, les subsides peuvent être refusés à un ministère qui trahirait le pays et dilapiderait la fortune publique. »

On concède un seul point, on cède la question entière ; car c'est la chambre qui jugerait s'il y a trahison , s'il y a dilapidation ; et elle jugerait en conformité de ses fins, non pas en conséquence des faits.

Il faut prendre les choses de plus haut ; il faut mettre les hommes de côté.

Ce n'est ni tel ministère spécial , ni même le ministère en général ; c'est la dynastie, la monarchie, la patrie, qui ressortent l'une de l'autre, qu'on doit considérer.

Déja', dans des circonstances différentes, l'attention avait été fortement excitée à l'aspect d'un péril plus lent à se développer, et par cela même plus difficile à conjurer.

Il ne s'agissait encore que du vote des dépenses, dont le mode s'altérant insensiblement , devait, avec le temps, annuler le gouvernement du Roi et attirer le pouvoir dans la chambre des députés.

Ce nouvel écrit présente l'application plus étendue des principes exposés à la fin de la session, ainsi qu'on pourra en juger par quelques passages transcrits à la suite.

« La légitimité est l'idée la plus profonde à la fois et la plus féconde qui soit entrée dans les sociétés modernes ; elle rend sensible à tous, dans une image révérée, le droit, ce noble apanage de l'espèce humaine, le droit sans lequel il n'y a rien sur la terre.....

« Sur les débris de la vieille société, renversée avec violence, une société nouvelle s'était élevée ; cette société était barbare ; elle n'avait pas trouvé à son origine, et elle n'avait pas acquis dans l'exercice immodéré de la force, le vrai principe de la civilisation, le droit..... La légitimité qui seule en avait conservé le dépôt, pouvait seule le lui rendre ; elle le lui a rendu. Avec la race royale, le droit a commencé à lui apparaître ; nous avons recouvré les doctrines sociales, que nous avions perdues ; le droit a pris possession du fait ; la légitimité du prince est devenue la légitimité universelle.....

« Tel est notre gouvernement ; l'unité morale de la société y respire dans le monarque héréditaire. Le Roi légitime n'est pas une personne ; il n'est pas une institution ; il est l'institution universelle dans laquelle sont placées toutes les autres...

« La société n'a pas été considérée comme homogène... il y a différence ou inégalité dans les situations sociales. L'inégalité résulte des grandes supériorités de tout genre, la gloire, la naissance qui n'est que la perpétuité de la gloire, la propriété ou la richesse. . . . . Qu'est-ce que la chambre des pairs, si ce n'est l'inégalité reconnue, consolidée, érigée en pouvoir social, et par là rendue inviolable et immortelle ?...

« On s'exprime mal, au moins on suit les traditions de la révolution, quand on lui attribue de représenter la nation. Non, la représentation nationale n'existe, elle n'est absolue que dans les trois pouvoirs. . . . . Si donc la chambre des députés représente encore la nation, c'est la nation en présence du trône et de l'aristocratie, la nation dans cet état où elle a reçu la dénomination historique *de communes.* »

Rapport de M. le baron Pasquier (24 juillet 1829.)

.... « Accommoder ces deux droits ensemble, les faire marcher de front sans qu'ils empiètent notoirement l'un sur l'autre, devra toujours être de la part du gouvernement, l'un de ses soins les plus délicats comme les plus assidus, et le meilleur procédé pour qu'aucun ne soit outré dans ses conséquences sera toujours que les gardiens de chacun d'eux ne perdent jamais de vue l'importance de celui qui se trouve en regard, et se persuadent bien que le maintien de l'un est indispensable pour la conservation de l'autre, que la sûreté et la prospérité de l'Etat ne peuvent pas plus se passer de l'un que de l'autre.....

« Le Roi, qui a le droit de déclarer la guerre, ne la peut cependant soutenir sans le concours des chambres; que si on voulait presser avec rigueur les conséquences de ces deux droits mis en présence l'un de l'autre, tout deviendrait le plus souvent impossible, et s'il arrivait surtout que les chambres vinssent à user du leur sans en vouloir reconnaître les justes bornes, par cela seul, celui du Roi serait complètement annulé....

« L'heureuse forme de gouvernement que Louis XVIII nous a donnée, a cet avantage éminent que, sans violence, sans efforts, les intérêts balancés et mis en présence doivent trouver, dans la conscience de leur position réciproque, une leçon de conduite pour tous les jours, pour toutes les situations : le gouvernement représentatif est un gouvernement de haute intelligence, de composition amiable et perpétuelle. Veut-on méconnaître cette vérité , il devient impraticable. »

Discours de M. le garde-des-sceaux (14 avril 1828).

« Précaution superflue si des circonstances véritablement graves se présentaient , puisqu'au jour de l'invasion ou de la révolte, lorsque le droit commun serait impuissant, la royauté serait toujours assez forte, en vertu du droit inhérent à sa nature, avec le concours des hommes de bien, avec celui des chambres, pour sauver l'État et les lois elles-mêmes (profonde sensation). »

Rapport de M. le comte Siméon (5 juillet 1829).

« Je dis sans utilité, car si la répression des tribunaux n'était pas suffisante pour arrêter un débordement et un péril qu'il est difficile de supposer, la loi y pourvoirait promptement pendant les sessions, et le Roi a toujours, hors des sessions, le moyen, en vertu des droits inhérens à sa couronne , de préserver l'État d'un danger imminent. »

Discours de M. Royer-Collard (17 mai 1820).

L'orateur ne se dissimule pas qu'une faction ne puisse entrer par les élections dans le gouvernement, et par une majorité factieuse, aristocratique ou démocratique (car où il y en a une, il y en a plus d'une), dominer la chambre, suspendre le ministère et attirer le pouvoir exécutif dans ses mains.....

« Qu'elle vienne cette faction à laquelle nos libertés doivent être immolées ; que les portes de la chambre s'ouvrent pour elle, qu'elle remplisse cette enceinte ; et, tandis qu'elle agitera sa turbulence, qu'ici, à cette tribune, un ministère digne du Roi et de la France l'accuse en face, et son imposture sera confondue....

« Que, s'il en est besoin, ce ministère donne au monarque le noble conseil de se fier à ses peuples et de les prendre à témoins, entre lui et les ennemis déclarés de sa couronne ; la France, n'en doutez pas, la généreuse France entendra cet appel, et elle saura y répondre. Non, la France ne veut pas que le Roi rende son épée, ni qu'il soit prisonnier des factions, quelles qu'elles soient. » (Extrait de l'*Annuaire historique de 1820.*)

Telles sont les maximes du droit public de France: ainsi qu'elles ont été fondées par la nécessité des choses, par l'autorité des temps; ainsi qu'elles sont entendues par la raison d'un membre des communes, par le grand sens d'un homme d'État, par le bon esprit d'un ministre, d'un pair de France.

La royauté, être primitif, être créateur, être essentiel, et par conséquent, être prééminent :

Les deux chambres, existences créées de même date, érigées au même titre, investies des mêmes droits.

De là, s'il en est besoin, et soit pour entretenir le niveau entre les deux chambres, soit pour se maintenir elle-même au faîte, la royauté *prend ses peuples à témoins, sauve l'État et les lois elles-mêmes.*

Mais le refus des subsides a lieu : et dès lors, sous peine de laisser se dissoudre la société, il faut que la couronne cède ou réprime, se rende esclave ou se retrouve souveraine.

Car le recours aux collèges électoraux devient illusoire, la chambre n'ayant pu s'emporter à cette dernière extrémité, sans être certaine de leur connivence.

Or, le Roi cède: et un ministère lui est imposé par la chambre; et ce ministère est aussitôt dominé, est bientôt persécuté, est enfin expulsé en la même façon; et un second, un troisième, etc., de plus en plus ardens, de moins en moins durables, se succèdent incessamment.

Est-ce 1829, 1830 et 1831, ou 1789, 1790 et 1791 ? Faut-il recommencer une telle quarantaine d'années ?

C'est trop clair. La loi de la gravitation n'existant plus, les corps égarés dans l'espace, s'échappent de leur orbite. Le soleil reste au centre sans doute ; seulement il n'y a plus de centre.

On peut juger quand ce qui est vient de périr, combien ce qui sera va durer ; on doit sentir après que l'ordre ancien a cessé, comment tel ou tel ordre nouveau, issu d'un désordre progressif, cessera.

Avancez donc, poussez vite, tribuns armés de la majorité ! avez-vous enfin forcé l'entrée du cabinet ? Êtes-vous installés sur les sièges de l'usurpation ? Le maître ne vous chassera pas ; il ne peut, il ne veut peut-être. Vous êtes devenus les maîtres ; vous serez traités comme il a été traité par vous : à vos côtés, sur vos pas, ceux-là même qui vous ont portés s'apprêtent à vous renverser, à vous supplanter.

Il faudra que le pouvoir fasse le tour de la chambre, sautant de banquette en banquette, jusqu'à l'extrême gauche, et là, s'éteignant dans la boue, puis se relevant l'épée nue.

Qu'on se rappelle les doctrines émises.

« La royauté a le droit, a le devoir de sauver l'État, de sauver les lois. »

Comme aussi, elle a le pouvoir, elle a le moyen de perdre l'État, de perdre les lois : il suffit qu'elle se perde, c'est-à-dire qu'elle cède.

Creusons encore et mettons à découvert l'abîme.

La couronne aura cédé. La chambre des communes domine, et ne se domine pas elle-même. Les factions ralliées pour combattre le pouvoir se divisent, se déchirent, afin de le saisir, de l'exploiter : l'usurpation triomphante ne manque pas d'enfanter une succession d'usurpations de plus en plus hideuses.

Il reste un Roi, dit-on; oui, pour l'histoire, non en politique.

N'y aurait-il pas aussi quelque chambre des pairs, dont l'existence annulée en politique ne devrait pas même se survivre dans l'histoire ?

Et les présages l'effraient, les menaces l'irritent : être ou n'être pas, c'est la question.

Attendez la prochaine session. Contre la conspiration de tribune qui s'est formée dans l'autre chambre, vous verrez s'élever dans celle-ci la conspiration du scrutin. La crainte retient la parole sur les lèvres; la colère précipite les boules dans l'urne.

Les communes ont refusé le budget à la couronne : les pairs refusent le budget aux communes.

La royauté s'est résignée à se perdre, à perdre l'État : la pairie est résolue à se sauver, à sauver l'État.

Quoi de plus juste ? Quoi de plus simple ?

Art. 48. « Aucun impôt ne peut être établi ni perçu, s'il n'a été consenti par les deux chambres. »

Le texte est identique pour l'une et l'autre chambre : ce que peut l'une, l'autre le peut ; et de plus, ce que ne devait pas faire celle-là, celle-ci doit le faire.

La seule ressource est de jeter, dans la chambre haute, un nombre presque égal de nouveaux pairs ; triste ressource, qui n'est valable que pour le présent budget : car les apprentis pairs, bientôt passés maîtres, sentent leur force, jugent le péril, et se révoltent, se retranchent derrière un nouveau refus.

Après avoir anéanti la royauté, il manque encore d'abolir la pairie.

Il faut remarquer comment un homme d'Etat, appelé à se prononcer en une occasion analogue et accoutumé à saisir dans sa profondeur, à rendre dans son étendue, la vérité des choses, s'est exprimé dans les termes les moins équivoques, dont l'application aux circonstances actuelles, ne s'opère point ainsi en vertu d'un principe découvert à l'instant même, et comme au besoin, mais bien au titre d'une conséquence immédiate du principe antérieurement reconnu.

« C'est un gouvernement de composition amiable et perpétuelle ; autrement il devient impraticable.

« En pressant avec rigueur les conséquences de ces deux droits, tout deviendrait impossible.

« S'il arrivait surtout que les chambres abusassent du leur, par cela seul, celui du roi serait complètement annulé. »

Le gouvernement devient impraticable, devient impossible ; et pourquoi, comment ? Parce que le pouvoir du Roi est annulé.

L'orateur en reste là ; soit que les symptômes ne lui semblent pas commander l'indication du

remède, soit plutôt que le remède lui paraisse s'offrir spontanément à l'appel des crises.

Advienne le fait : le droit survient :

Seulement ces mots, *s'il arrivait surtout*, etc.,
font connaître de quel bord l'abus est le plus pro-
bable ; en quel sens l'abus serait le plus funeste.

Et le sens commun apprend que le fait de
l'ébranlement ou du renversement de la balance
politique, devant provenir du pouvoir électif, le
droit institué pour le maintien et le retour de
l'équilibre, doit appartenir au pouvoir héréditaire.

La première fois que ce sujet délicat s'est vu
traité à la tribune, tout a donc été dit.

Il n'y a plus qu'à déterminer dans l'état présent
des choses, si c'est le Roi par le choix du ministère, ou la chambre par le refus de l'impôt, qui
enfreint la règle, qui viole ce gouvernement
de composition amiable et perpétuelle.

Art. 14. « Le Roi nomme à tous les emplois
d'administration publique. »

Art. 55. « La chambre des députés a le droit
d'accuser les ministres. »

Là, est toute la Charte : en-deçà, au-delà, il n'y
a qu'erreur ou délit.

Le Roi a nommé : c'était un devoir. S'il ne
nommait pas à sa volonté, s'il se laissait imposer
la révocation ou la désignation des choix, ce serait un tort.

Que la chambre accuse, c'est un droit. Si plutôt que d'accuser en vertu de l'art. 55, elle s'arme de quelque autre article, et use ou abuse d'un pouvoir conféré pour des fins différentes, à l'effet d'annuler le pouvoir exercé en vertu de l'art. 14, ce sera un forfait.

La règle est absolue, est sans aucune exception : après les actes, il y a moyen d'accuser les ministres; avant les actes, il n'y a moyen que d'opprimer, d'asservir la volonté royale.

On prétend légitimer le forfait; on ose avancer qu'au lieu de congédier ses ministres, le Roi est libre de dissoudre la chambre.

Le Roi est libre! dites-vous.

Quelle amère dérision! diverses causes auront recruté et enhardi un parti puissant, auront dispersé et refroidi le parti adverse; et dans le foyer des collèges, l'opinion soufflée par le vent dominant, s'embrase au degré extrême.

Le Roi n'est libre que de changer de fers, de passer d'une chaîne à une chaîne plus lourde, de consacrer par un acte apparent de volonté, son esclavage.

Quand même il apparaîtrait une chambre royaliste, c'est à elle que le cabinet devrait l'existence; c'est d'elle qu'il recevrait ensuite, le coup mortel peut-être; car, à vrai dire, une fois que la tranchée est ouverte, que les postes avancés ont été enlevés, tel parti que ce soit s'y loge, et de là pousse à l'assaut ou resserre le blocus.

Et le mal capital consiste moins en ce que la couronne cède à une volonté quelconque, qu'en ce qu'elle cède tantôt à l'une, tantôt à l'autre, et perde ainsi l'usage, l'habitude de la volonté.

« Or voilà que la majorité aristocratique ou démocratique vient dominer la chambre, suspendre le ministère, et attirer le pouvoir exécutif dans ses mains.

« Voilà que les temps arrivent où nos libertés doivent être immolées à une faction, où le Roi doit être prisonnier des ennemis déclarés de sa couronne. (Discours de M. Royer-Colard.) »

Cependant la fin de toutes les formes possibles de gouvernement, en la réduisant à l'expression la plus simple, la plus générale, n'est-elle pas de s'opposer à ce que la majorité apparente écrase la minorité.

Et ici, la majorité factieuse qui domine ou dominera la chambre, n'étant plus balancée ni par la pairie, ni par la royauté, ainsi qu'il est toujours arrivé au sein d'une assemblée unique, tourne à la tyrannie.

De plus, la majorité légale de la hambre, n'est point la majorité morale de la nation dont un cinq centième seulement concourt aux élections, n'est point la majorité rationnelle des collèges dont tant de membres cèdent aux intrigues , aux menaces.

Encore, dans la chambre même, la majorité numérique se compte le plus souvent avec des boules, que dirige une volonté d'emprunt ou de hasard, plutôt qu'une opinion réfléchie et consolidée.

Si cela plaît, qu'on laisse aller.

Sinon, la charte vient en aide.

Trois pouvoirs sont fondés : un d'entre eux ne peut opprimer les deux autres; deux d'entre eux peuvent réprimer l'autre.

Aucun acte positif ne doit avoir lieu que par le concours des trois : aucun acte négatif ne doit avoir effet par le vote d'un seul.

Deux pouvoirs ont plutôt le droit de sauver l'Etat, qu'un pouvoir n'a le droit de le perdre.

Mais, la Charte elle-même provient d'une autorité préexistante à sa création, prééminente au moins avant son apparition.

Sans doute la paternité politique, pas plus que la paternité civile, n'est autorisée à revenir sur des donations librement accordées par elles : comme aussi, ni l'une ni l'autre ne sont tenues à se laisser dépouiller au moyen des armes loyalement fournies par elles.

« Le Roi légitime n'est pas une personne, il n'est pas une institution, il est l'institution universelle dans laquelle sont placées toutes les autres. »

Avec le Roi, tout périt : par le Roi, tout sera sauvé. La force, la justice se rallient à cette fin.

« La nouvelle société était barbare : elle n'avait pas acquis le vrai principe de la civilisation, le droit..... la légitimité qui seule en avait conservé le dépôt, pouvait seule le lui rendre..... La légitimité du prince est devenue la légitimité universelle..... L'unité morale de la société respire dans le monarque héréditaire. »

Ces paroles qui furent prononcées en 1820, et ne seront pas reniées en 1829, montrent qu'il existe un principe inné, essentiel, fondamental, dont la charte émana un jour, dont la charte ressortira de tout temps.

La charte elle-même l'atteste, avec d'autant plus d'énergie, que ce n'est point à l'aide de phrases explicites, mais bien par la voie des réticences ou plutôt des sous-entendus.

Elle proclame le droit public de la nation, et les droits particuliers des citoyens.

De là, elle passe aux formes du gouvernement du Roi.

Et notez bien qu'il y est seulement traité des formes, c'est-à-dire des conséquences, sans qu'un seul mot s'échappe au sujet du fond, du principe.

On n'a point appris par la charte que la France est une monarchie, que la dynastie légitime est celle de Saint-Louis, que la couronne est héréditaire de mâle en mâle, etc.

En fait de dogmes, la conscience publique ne requiert point d'être éclairée, et plutôt aurait à craindre d'être affaiblie par des instructions officielles.

Or, tels sont les points *où respire l'unité morale de la société, d'où dérive la légitimité universelle ;* les points à l'égard desquels la charte apparait dans un ordre secondaire, à l'encontre desquels la charte n'a aucun pouvoir à exercer, aucun titre à se prévaloir.

Il n'en faut pas davantage pour foudroyer le prétendu droit du refus des subsides ; car, avec ce moyen, d'abord justement employé si l'on veut, ensuite iniquement appliqué, la monarchie, la dynastie, l'hérédité seraient bientôt renversées.

Mais quand même la toute-puissance résiderait dans la charte, encore y aurait-il à rechercher ce que prescrit sa volonté suprême.

La charte est octroyée, est libellée : elle fut dictée par un certain esprit; elle fut rédigée dans un certain sens; l'intention, l'expression doivent être appréciées, et au besoin, être balancées.

Si la lettre est manifeste, l'esprit n'a point à

intervenir; si elle est équivoque, c'est à l'espri
de l'interpréter.

Enfin, lorsque la lettre et l'esprit parlent de
même, il ne reste qu'à obéir.

Qu'on se rappelle l'auteur, qu'on se reporte
aux temps;

Et qu'on se dise, quant au mérite de l'intentior
royale, qui devrait réprimer l'indigne tentatior
d'en abuser.

« Le Roi n'était-il pas accueilli par l'infor-
tune et appuyé sur la force? Le pays n'avait-il
pas été dégoûté, puis déshabitué de la liberté?
Rien n'obligeait, rien n'engageait encore à don-
ner de telles institutions. »

Qu'on se dise, quant aux fins de l'intention
royale, qui auraient en elles-mêmes quelque
droit à obtenir la déférence.

« Le Roi n'était-il pas le successeur, le devan-
cier peut-être, d'une longue dynastie de Rois? I
espérait fonder sous ses auspices, les destinées de
la France; il n'entendait pas l'exposer à perdre
l'héritage des siècles. »

Voilà l'esprit de l'auteur : et voici l'esprit de
l'œuvre, c'est-à-dire, le sens général de la charte.

On doit entendre et rendre la vérité des choses : car devers celui qui la renie ou la dément,
c'est d'autant plutôt, que l'explosion inattendue
éclate.

On peut même la déclarer sans péril, toutefois en précisant par quel mode et sous quelles limites, la théorie est appelée à passer en pratique.

La vérité, la nécessité des choses, expressions synonymes, commandent l'omnipotence parlementaire : car dans l'ordre précaire des sociétés humaines, un jour ou l'autre, il faut une autorité, une force prédominante.

La charte a jugé que cette force, si elle n'était légalement instituée, se formerait illicitement, arbitrairement.

Ainsi, l'omnipotence parlementaire est reconnue en principe : seulement elle doit s'exercer sous les formes du gouvernement du Roi, par l'accord et avec le concours des trois pouvoirs.

Art. 15. La puissance législative s'exerce par le Roi et les chambres.

Art. 16. Le Roi propose la loi.

Art. 22. Le Roi sanctionne les lois.

Sous ces termes, l'omnipotence est légitime.

Par ces termes, le Roi est invésti, d'abord de l'initiative exclusive, puis du concours législatif, enfin de la sanction suprême : chose trop peu remarquée.

Mais par le refus de l'impôt, l'initiative avorte, le concours est annulé, la sanction s'évanouit.

Par le refus de l'impôt, en dépit de la royauté,

au mépris de la pairie, la chambre élective usurpe l'omnipotence parlementaire, fait la loi.

Et en osant faire la loi à elle seule, au lieu que la loi doit être faite par les trois pouvoirs, elle n'agit plus au titre d'autorité ou de force instituée.

Elle sort de sa sphère : elle se démet, elle abdique.

Cependant le texte, la lettre de la charte, concorde parfaitement avec l'esprit de l'auteur, avec le sens de l'œuvre.

Quatre articles se rapportent à l'impôt.

Art. 17. La proposition de la loi de l'impôt doit être adressée d'abord à la chambre des députés.

Art. 47. La chambre des députés reçoit toutes les propositions d'impôts.

Art. 48. Aucun impôt ne peut être établi ni perçu, s'il n'a été consenti par les deux chambres.

Art. 49. L'impôt foncier n'est consenti que pour un an.

Le dernier article est étranger à la question ; car en limitant la durée légale de l'impôt foncier, il n'a d'autre dessein que d'obliger à la convocation annuelle des chambres : sauf néanmoins qu'au cas du rejet de la loi des finances, il s'ensuivrait cette ridicule anomalie, que l'impôt du tabac, voté pour six années, serait perçu malgré le *veto* du scrutin.

Les deux premiers articles où la même phrase est retournée, ne constituent, en faveur de la chambre des députés vis-à-vis la chambre des pairs, qu'un droit de préséance, et non pas de prééminence, de prépondérance.

Le troisième institue entre les deux chambres l'égalité la plus parfaite à l'égard des impôts ainsi que des autres lois.

Or l'égalité serait détruite, la prépondérance serait envahie, l'existence même serait menacée par un acte absolu qui prohiberait l'acte corrélatif, qui prescrirait en son absence, sans son concours.

Une réflexion est à faire : le vote négatif ne diffère du vote positif, qu'en ce que celui-ci opère par voie d'addition et celui-là par voie de soustraction, qu'en ce que l'un établit ce qui sera, et que l'autre altère ce qui est.

Ils tendent de même à l'innovation, laquelle, si elle est souvent téméraire dans le sens positif, est certainement plus périlleuse dans le négatif.

Si bien que la chambre des députés serait plutôt en droit de porter telle loi, que de retirer telle autre, que de refuser la prorogation d'une loi essentielle.

Mais ce n'est pas seulement à la chambre des pairs qu'elle manquerait, en annulant son autorité ; ce n'est pas seulement à la France qu'elle manquerait, en dissolvant la société ; la chambre des députés se manquerait à elle-même et violerait les lois consacrées par elle, en repoussant le vote de l'impôt.

Les dépenses de l'Etat étant irrévocables, son privilège de recevoir d'abord toutes les propositions d'impôts, se résout en ce point, de la constituer débitrice en première ligne, au premier chef.

La dette publique, la liste civile, la dotation du clergé, les fonds de retraite, etc., que l'Angleterre comprend dans le budjet consolidé, et que les Pays-Bas consentent pour sept ans, ne sont transcrites que pour la forme, dans les énonciations de chaque loi des finances. Il n'y a point à débattre, à transiger; il ne reste qu'à acquitter, à solder.

Ensuite se présentent les services publics de toute sorte, à l'égard desquels l'Etat n'est pas obligé vis à vis des personnes tierces, en vertu d'un droit étranger, n'est obligé qu'envers son propre être, qu'aux fins de son existence même.

Ici la chambre élective apparaît à titre de mandataire, sous la charge de subvenir aux nécessités de l'Etat, avec les ressources de l'État. Elle doit pour lui, elle paie par lui.

Par le refus des subsides, d'une part, elle mettrait l'Etat en faillite; de l'autre, elle se mettrait en forfaiture devers l'Etat.

En France, la liberté n'a pas été conquise : ou si la révolution doit passer à titre de conquête, on avouera que les vainqueurs, écrasés sous le poids des dépouilles, s'empressèrent à se décharger du fardeau, et acceptèrent bientôt une chaîne apparemment moins pénible.

Certes, après quinze années écoulées dans la servitude, à travers deux invasions accomplies coup sur coup, les présages n'annonçaient que l'usurpation de l'étranger, la division du territoire, l'asservissement des peuples.

Mais la légitimité est de retour : et les ennemis sacrifient les espoirs de la vengeance ; les esclaves sont appelés aux faveurs de la liberté.

Chaque jour, ces souvenirs doivent être rappelés, au moins tant que l'ingratitude et l'ambition tenteront d'en recouvrir la trace, ou d'en défigurer l'image.

La royauté octroie la charte, et crée un nouveau nœud d'alliance, une règle fixe, des droits, des devoirs réciproques.

La royauté ne veut point enfreindre la loi

qu'elle s'est imposée, ne doit pas souffrir que la loi soit enfreinte par ceux qui l'ont obtenue.

L'ordre constitutif est immuable, est inviolable ; sauf à l'égard de certains points relatifs à la mise en exécution, et encore dans le cas où la lettre serait en opposition avec l'esprit de la charte, et seulement par l'accord unanime des trois pouvoirs, par l'exercice de l'omnipotence parlementaire : conditions sacramentelles dont aucune ne se rencontre dans les occurrences actuelles.

Quel est le sens, quel est le vœu des articles de la charte, qui concernent le vote de l'impôt ? Voilà toute la question.

Quand à l'art. 17, il faut reconnaître que cette locution, *la proposition de la loi de l'impôt*, n'est pas rigoureusement exacte ; car la loi de l'impôt ou des recettes, prise à part, offrirait une pure abstraction : dans le fait, cette prétendue loi, se lie, se confond avec la loi du revenu ou des dépenses, sous le titre commun de la loi des finances.

Quant aux art. 48 et 49, il importe de peser la valeur réelle des mots, surtout quand un seul mot est employé, quand le même mot est répété.

A l'égard de l'impôt, au lieu de dire qu'il est accordé ou concédé, la charte dit et redit qu'il est consenti ; laquelle expression ne se rapporte point à l'acte d'une puissance souveraine et supérieure, ne s'applique qu'à l'action d'un pouvoir non pas subalterne, mais secondaire.

L'acte d'accorder ou de concéder, sorte d'attribution essentiellement réservée à l'Être suprême, et tout au plus momentanément dispensée aux rois, porte les signes d'une volonté libérée de toute influence, d'une autorité garantie de toute résistance ; au lieu que l'action de consentir, implique l'idée d'une impulsion donnée à l'avance, d'une détermination prise en conséquence.

Poussons plus avant, et recherchons si la charte a jamais parlé de l'impôt, dans un sens absolu, sous un point de vue général ; où, si elle en parle toujours en une façon spéciale, sous des rapports partiels et passagers.

C'est trop clair : il faut lire seulement.

La pensée de la Charte est rendue en deux phrases : les deux phrases rendent la même pensée.

« La chambre reçoit toutes les propositions d'impôts : aucun impôt ne peut être établi ni perçu, etc. »

Le mot *toutes*, le mot *impôts* indiquent le pluriel : il y a un et dix et cent impôts ; il y a autant de propositions, autant de délibérations, autant de résolutions.

Chaque impôt à part, est proposé et délibéré, est consenti ou refusé : l'impôt en masse, n'est ni proposé, ni délibéré ; n'est ni consenti, ni refusé.

Encore il semble que la charte a craint de n'être pas bien comprise ; car dans l'article suivant, elle revient sur ce sujet, et présente le même axiome sous la forme négative, après l'avoir exposé de la manière la plus positive.

Première version : tous les impôts doivent être, etc.

Seconde version : aucun impôt ne peut être, etc.

Tous doivent ; aucun ne peut : c'est même chose.

Et partout, il est parlé d'un impôt, nulle part de l'impôt.

Dans la vérité, sous ces deux mots semblables sur le papier, analogues quant au son, résident et respirent les deux idées les plus distinctes.

Comprenez-vous ce que c'est qu'une loi, ce que c'est que la loi ; vous comprendrez ce que c'est qu'un impôt, ce que c'est que l'impôt ; il y a parité, identité.

La loi est le principe, l'essence même de l'être social ; une loi n'est qu'un mode, qu'une forme de son organisation, de son action.

La loi a les caractères de l'universalité, de la perpétuité : une loi quelconque, telle ou telle loi est variable et temporaire, est tour à tour reconnue et rejetée et rétablie.

La loi crée le pouvoir; le pouvoir procrée d'abord une loi, puis des centaines, des milliers de lois.

Le pouvoir émane de la loi, et ne peut l'abolir sans s'anéantir lui-même : le pouvoir s'exerce sur les lois, et peut les changer, les multiplier sans fin.

Or l'impôt est la loi prise dans le sens restreint des recettes de l'Etat.

L'impôt, ou la loi bursale est essentiel à l'existence de l'être social, autant que la loi civile ou politique.

Tous les impôts doivent être proposés, et par conséquent tout impôt peut n'être pas admis.

Aucun impôt ne doit être perçu, s'il n'a été consenti, et par conséquent chaque impôt peut n'être pas consenti.

Voilà le droit; mais le droit n'est jamais absolu; il y a toujours le devoir corrélatif.

Et le devoir consiste en ce que tout impôt non admis, chaque impôt non consenti soient aussitôt remplacés.

Sous les limites de la somme commandée par les nécessités de l'État, l'impôt est inviolable, inaltérable, irrévocable.

Il se tient au-dessus de la portée du pouvoir : le pouvoir qui ose y attenter, usurpe et par conséquent abdique.

L'usurpation équivaut à l'abdication, attendu qu'en violant la règle constitutive des droits, elle abolit le principe, elle annulle les conséquences.

L'usurpation d'un pouvoir sur un autre, entrave son exercice, attaque son existence : le pouvoir opprimé subirait l'abdication, si l'acte illicite n'emportait pas l'abdication du pouvoir oppresseur.

Car, en toutes choses, l'ordre ne dure que par l'entretien des relations, ne renaît que par l'entremise de la réaction.

Entre deux puissances voisines, la rupture des traités, l'envahissement du territoire, en un mot, l'usurpation, est repoussée par la force matérielle ; il faut que l'équilibre soit rétabli.

Entre les pouvoirs sociaux, le délit est égal, les périls sont semblables : seulement, la force morale est appelée à redresser la balance.

Mais comme l'agression s'opère en dehors de la règle, à l'encontre de la règle, la répression doit s'exercer en une pareille manière ; pour le salut de la règle même, dont les prévisions ont failli en ce point, ses prescriptions ne doivent pas enchaîner.

Un exemple portera la lumière.

L'impôt aura été refusé par la chambre des pairs, qui est fondée en titre, aussi bien que la chambre des députés.

Entendez-vous les cris de colère et de vengeance? La couronne est requise, est sommée de créer une addition suffisante de pairs.

Le refus sera-t-il réitéré? Que faire alors? On n'ira pas bombarder la noble assemblée; on ne fera pas enlever ses membres à domicile.

« Les faits parlent, dira-t-on : l'auteur de la charte s'est mépris : cette chambre est incompatible avec le maintien de l'ordre social. Il faut la détruire et balancer autrement les pouvoirs, ou du moins l'organiser sous un mode nouveau. »

Et on n'aura pas tort.

C'est que dans le mouvement des intelligences humaines, il apparaît de temps à autre, des crises inconcevables et par conséquent imprévoyables, dont le remède n'est indiqué que par les symptômes du mal.

C'est que sous la règle de l'omnipotence parlementaire, ce cas reste inévitablement insoluble par ses seules lois; où la règle serait violée par un des pouvoirs, ou l'accord entre les pouvoirs manquerait aux lois.

Certes, nul ne prétendra que le forfait ait droit à se prévaloir de sa gravité même, de son intensité, non-seulement pour obtenir l'impunité de l'intention, mais encore pour acquérir la facilité de l'exécution.

Nul ne prétendra que la société doive se résigner à la subversion ou à l'asservissement, par cela seul qu'elle serait attaquée avec les armes confiées pour sa défense.

Advienne donc le rejet de la loi des finances !

Il est facile d'en déduire les suites. Le premier pas déjà si effrayant fait reculer ceux qui l'ont hasardé ; d'autres les suivaient, les poussaient et les remplacent, puis se retirent aussi : et la masse s'avance, se précipite dans sa marche accélérée, sous des chefs tour-à-tour supplantés ; la masse ne prend repos qu'au fond de l'abîme.

Ne parlons plus de la pairie, de la dynastie : elles sont absorbées, dévorées au foyer ardent d'une assemblée unique.

« Elle est expulsée du pouvoir, la légitimité du prince où respire l'unité morale de la société ; l'institution universelle dans laquelle sont placées toutes les autres. »

« Il se retire de nos lois, le droit, sans lequel il n'y a rien sur la terre, le droit, ce vrai principe de la civilisation, que pouvait seule nous rendre et que nous a rendu la race royale.

« En même temps, on voit s'évanouir l'inégalité résultante des grandes supériorités, la gloire, la naissance qui n'est que la perpétuité de la gloire ; l'inégalité reconnue, consolidée, érigée en pouvoir social, et par là rendue inviolable et immortelle. »

Arrêtons-nous.

Mais quelle est donc la puissance, la force morale ou matérielle à laquelle il est donné ou plutôt laissé, d'accomplir ainsi la destruction, la dissolution de la société.

« Apparemment ce n'est pas cette chambre sur laquelle on s'exprime mal, ou du moins on suit les traditions de la révolution, quand on lui attribue de représenter la nation ; cette chambre qui, si elle représente encore la nation, c'est la nation en présence du trône et de l'aristocratie ; la nation dans cet état où elle a reçu la dénomination historique de *communes*. »

Les communes : telle est l'expression ou plutôt la conception juste et vraie.

Ce mot plein de sens, dit que le dogme de la souveraineté du peuple, également impossible à refuter en théorie, et à adopter en pratique, en descendant de la vague région des abstractions, en tombant sur le sol de la réalité, dans toute la rigueur de son entente idéale, frapperait de mort l'être social.

En tout cas, le principe ne peut être mis en action que suivant un certain mode, qu'en une certaine façon : il faut de nécessité établir les formes de la souveraineté du peuple.

Or la charte les a prescrites au moins pour la France, pour le siècle, les a décrites sous le titre des formes du gouvernement du Roi.

Il y a un pouvoir incréé, des pouvoirs créés,

et comme l'un n'est pas institué, comme les autres ne sont pas constitués dans le sens de l'intérêt privé, c'est le devoir qui leur enjoint de se maintenir contre toute atteinte, qui leur défend de se résigner, d'abdiquer devant l'acte de l'usurpation.

Il s'agit de sauver la nation trahie, même sans son avis et sans son aide; de sauver la nation trompée, même malgré sa résistance et ses reproches.

Par malheur, la pairie est encore jeune, encore faible, et promet plutôt des garanties pour l'avenir qu'elle ne présente de ressources en ce moment.

Dans l'état d'égarement des esprits, à peine y a-t-il à se prévaloir d'une majorité quintuple de la minorité dans cette chambre, contre une majorité d'un cinquième en sus de la minorité dans la chambre adverse : bien que le droit de participation à l'exercice de la souveraineté, soit suivant la Charte, au niveau, entre les deux corps, soit à cause du nombre, au-dessus du pair, pour chaque membre de la chambre héréditaire.

Mais c'est à la royauté que la France, que l'Europe en appelle ; à la royauté qui conçut la charte et fonda les libertés publiques; à la royauté dont l'envie ni la défiance n'ont moyen de s'approcher; à la royauté à laquelle les siècles prêtent leur force magique, et devant laquelle ces temps pleins de

fougue , tout étonnés d'eux-mêmes, se calme-
raient, se courberaient.

Ici, les paroles d'un publiciste déjà cité, dési-
gnent les circonstances , proclament la nécessité,
et marquent les voies, garantissent le triomphe.

« Qu'elle vienne cette majorité factieuse , qui
serait entrée par les élections dans le gouvernement! Que les portes de la chambre s'ouvrent
pour elle, qu'elle remplisse cette enceinte! et
tandis qu'elle agitera sa turbulence, qu'ici, à
cette tribune, un ministère digne du Roi et de la
France l'accuse en face et son imposture sera confondue ;

« Que s'il en est besoin, ce ministère donne au
monarque le noble conseil de se fier à ses peuples
et de les prendre à témoins entre lui et les ennemis déclarés de sa couronne; la France, n'en doutez pas, la généreuse France entendra cet appel
et saura y répondre. Non, la France ne veut pas
que le Roi rende son épée, ni qu'il soit prisonnier des factions, quelles qu'elles soient. » (17
mai 1820.)

POST-SCRIPTUM.

Telle est la faiblesse du jugement, devant les ruses du sophisme, que la vérité ou la fausseté d'un principe, trop difficile à établir au moyen des argumens, ne se dévoile clairement qu'à l'aspect des conséquences.

Dans l'ordre consciencieux, ou seulement rationel, l'assentiment est inévitablement refusé à tout principe, dont les conséquences paraissent désastreuses ; comme on ne peut vouloir celles-ci, on ne peut croire à celui-là.

C'est ainsi que l'article des *Débats* du 2 octobre, par la seule exposition des effets résultant du refus des subsides, tend éminemment à démontrer que ce droit n'est point dévolu à la chambre des députés, et même donne lieu d'induire que ce droit n'est soutenu qu'en façon de thèse comminatoire ; car son exercice ne manquerait pas de mener à des extrémités qui répugnent aux sentimens ou aux intérêts de qui que ce soit.

« A toute loi il faut une sanction ; à tout traité une garantie. La sanction, la garantie de la charte, c'est le droit de dénier l'impôt. »

On ne sait trop à quel titre et dans quel sens se présentent, au sujet de la charte, les vains mots de sanction et de traité.

Mais la charte, ou plutôt la chambre n'a-t-elle pas déja des garanties incontestées ? Le pouvoir de discuter et rejeter les lois, de blâmer et d'accuser les ministres, de refuser les subsides extraordinaires, enfin de *consentir* annuellement l'impôt foncier.

Mais s'il faut une garantie à la charte, n'en faudrait-il pas à la royauté ? et la garantie de l'une tourne contre l'autre ; la chambre étant investie du droit de dénier l'impôt, avant peu c'en est fait de la royauté.

« Nul ministère n'ose tenir contre une majorité des communes, précisément parce que cette majorité aurait le pouvoir de refuser le bill des subsides. C'est là ce qui fonde la puissance des communes, c'est là ce qui fait que le gouvernement est en elles. »

Rien n'est plus clair. Le pouvoir du refus met le gouvernement dans la chambre, enlève le gouvernement à la royauté, et abolit la royauté, établit la chambre maîtresse, souveraine, tyrannique.

« Certes, il n'est pas loisible de renverser le Roi, la dynastie...... Mais il a été loisible, il sera loisible de renverser vingt ministères ! »

Or n'est-ce pas une opération bien délicate que de renverser vingt ministères qui émanent du trône , qui se rattachent au trône , sans renverser aussi, par mégarde sans doute, le trône même.

En fait de ministères, le renversement n'est que la moitié de la besogne : l'achèvement de la tâche consiste dans le remplacement.

Et qui a le droit de renverser, a le pouvoir de remplacer. Désormais la chambre et non le monarque nomme les ministres ; désormais les ministres sont les valets de la chambre, ne sont plus les gens du monarque.

De là, la royauté est asservie d'un bord et mal servie de l'autre ; est amenée de nécessité , est entraînée par la fatalité à se soulever ou plutôt à se relever, à vaincre ou périr.

Car entre la condamnation de Charles Ier et la proscription de Jacques II, entre une telle mort et une telle vie ; il y a ce parti à prendre, de se jeter à travers les chances d'une vie ou d'une mort glorieuse.

Supposez la défaite : et le pays reste en proie aux factions, en butte à l'ennemi, en mépris à la postérité.

Supposez la victoire : et les libertés publiques qui ont été trahies, qui se sont trahies elles-mêmes, attendent un siècle, avant de ressusciter.

EXTRAITS.

L'ASSEMBLÉE constituante est portée aux nues, est traînée dans la boue; qu'importent les phrases? ce sont les boules qui comptent.

Un instinct commun, l'instinct de domination, entraîne les partis les plus opposés; par quelque mode, en quelque sens que ce soit, il se satisfait.

A peine introduits dans la salle, les mandataires du royalisme, de l'absolutisme même, tournent en représentans du peuple, ne doutant nullement de la sagesse, de la puissance de leur volonté.

Ainsi s'amoncèlent, par un vote presque unanime, des précédens chargés de désastres; ainsi s'établit du fait de ses propres serviteurs, une jurisprudence hostile à la couronne.

On refait l'assemblée constituante.

Elle se trouvait unique; il lui fallait être tout ou n'être rien la fatalité ne fléchit jamais.

Et la chambre tend à devenir unique, à demeurer seule, repoussant en arrière la pairie, laissant de côté la royauté.

L'argent est le nerf de l'organisation sociale; le pouvoir qui serre et délie les cordons de la bourse, se voit souverain.

Encore le vote de l'impôt, tel qu'il est conféré par la Charte, avait son contre-poids : une chambre française ne craignait que d'accorder trop peu.

Mais le vote des dépenses, d'autant qu'il est usurpé, ne connaît point de règles, ne garde aucune mesure.

Défiant parce qu'il est aveugle, insolent parce qu'il fut vainqueur, il a imposé les spécialités, il tente les spécifications.

Dès lors la chambre administre, gouverne, règne : une fois la route ouverte, elle ne manquera pas d'être frayée, d'être battue.

L'homme n'est que vanité, et la vanité est à double face, lui donnant raison en ce qu'il veut, lui portant jouissance en ce qu'il fait.

Aussi voyez la commission en tête et la chambre à sa suite, l'une à l'envi de l'autre, empiéter d'année en année, se fortifier sur le terrain envahi, se préparer à des incursions de plus en plus hardies.

Décemment on ne peut parler que de la commission, qui du moins conçoit un plan, saisit un but.

Il est curieux d'observer, dans les rapports de 1828 et de 1829, quelle est la progression des exigences, de remarquer entre les deux rapports, quelle est la divergence des principes.

Tellement qu'en poursuivant ainsi, la manœuvre du gouvernement passerait aux ordres de la chambre et serait exercée dans des sens contraires.

Or, où cela aboutirait-il ?

Les écarts consomment la force, les excès commandent la résistance : après l'anarchie, vient le despotisme.

De l'arbitraire à l'absurde, de l'illicite à l'impossible, il n'y a pas si loin : un faux pas pousse à l'abîme.

De même qu'après le régime ministériel du dernier

siècle, a surgi de nécessité cette révolution des choses, à laquelle se sont raccrochés quelques noms propres ;

De même après le système soi-disant représentatif de nos temps, surgirait à l'improviste une réaction obligée, une contrevolution macihnale, pour parler ainsi.

Diminution de l'armée permanente ;
Institution de larges réserves ;
Réduction du chiffre de la maison militaire ;
Examen sérieux des capitulations ;
Réduction relative de la solde des Suisses ;
Organisation de la garde royale trop coûteuse ;
Un régiment d'artillerie trop nombreux pour ce corps ;
Abandon du plus grand nombre des places fortes ;
Construction de grandes places d'armes ;
Réduction sur les effets de campement ;
Et sur les transports, sur l'indemnité de route ;
Dépenses trop considérables des hôpitaux ;
Décision contre la régie des poudres et salpêtres ;
Faible utilité de Saint-Cyr, et réduction ;
Inutilité de La Flèche, et suppression ;
Inutilité des ingénieurs-géographes ;
Et des équipages militaires.

. . . .

Ne voilà-t-il pas un travail largement, profondément conçu, tel que le conseil de cabinet, renforcé par le conseil-d'État, et appuyé sur le conseil de la guerre, d'après les sollicitations des chefs de service, après l'investigation des chefs de bureau, à la suite de conférences réitérées, en conséquence d'un assentiment unanime, n'oserait peut-être pas le produire au jour ?

Mais comment quelqu'un a-t-il pu supposer que sous le régime constitutionnel, où de droit, dit-on, la majorité de la chambre élective fait la loi au cabinet et même à la couronne ; où de fait, comme on voit, la susdite majorité ineffablement investie de génie, de sagesse, de loyauté, et par compensation sans doute, incessamment sujette à sauter de droite à gauche et de gauche à droite, non sans passer quelques instans de stage sur les bancs du centre, vote tour à tour et le blanc et le noir ; il puisse passer par la tête à tel homme d'État que ce soit, de réformer tout aujourd'hui, à la charge de tout rétablir demain ?

Dès lors, à quoi cela mène-t-il ? sinon à jeter sur ce sol mouvant de la France, si preste à accueillir les funestes semences, si hâtif à mûrir le fruit empoisonné, des germes renaissans de plainte et de reproche, de prévention et de défiance, peut-être même de haine et de répugnance, devers l'autorité royale qui seule a les moyens efficaces de garantir le repos, le bonheur du peuple français. . . . .
. . . .

Passons le détroit, et allons recevoir la leçon dans un pays où, si le coût a fort dépassé le prix, du moins le régime constitutionnel s'efforce à offrir quelques compensations positives ; sur un sol dignement surnommé la terre classique de la liberté, puisque cette faveur extrême de la civilisation, tandis que les grands enfans d'Etats du continent se jettent d'écart en écart et passent de l'un à l'autre excès, s'y est implantée immuablement, inaltérablement.

En Angleterre, où l'administration intérieure et colo-

niale s'entretient de ses ressources propres, où les dépenses ordinaires sont assignées fixement sur le fonds consolidé, où la liste civile est chargée des dépenses diploma-
tiques, que se fait-il?

Rien autre chose que de présenter aux chambres, pres-
qu'à la moitié de l'exercice courant, sauf la demande
d'un crédit provisoire; et pour chaque service, à des
époques diverses, les estimations (*estimates*) de la ma-
rine, de la guerre, de l'artillerie, avec la seule indication
de la somme en livres sterling, et du nombre des mate-
lots, des soldats : sur quoi il y a peu d'exemple qu'une
réduction ait été opérée, et jamais il n'y eut d'examen
qu'au sujet du nombre de bouches à nourrir, d'épaules à
couvrir; les gens d'Albion ne concevant pas qu'il dût
être en leur pouvoir, qu'il pût être dans leurs moyens,
de peser la dose d'alimens, et de mesurer l'aune d'étoffe,
justement au point de ne nourrir, de ne couvrir, ni trop
peu, ni trop surtout.

Il faut soulever un coin du voile dont est enveloppé le
périlleux avenir. Qu'entend-on par ces paroles?

« La balance des pouvoirs, et tout le système de notre
gouvernement, reposent évidemment sur le vote des recettes et des dépenses. La force défensive de la chambre
est tout entière dans l'exercice du droit d'allouer, ou de
refuser l'impôt. Les principes de notre ordre politique,
vous font donc un devoir de conserver votre prérogative
pleine et entière » (Rapport sur le budget des dépenses
page 5).

Non, le système du gouvernement ne repose pas sur le vote des recettes et des dépenses ; car le mot de dépenses, ni même le mot de recettes ne se rencontrent dans la Charte ; et seulement il y est exprimé, que la chambre des députés reçoit toutes les propositions d'impôts, qu'aucun impôt ne peut être établi ni perçu, s'il n'a été consenti par les deux chambres.

Non, la force défensive de la chambre n'est pas dans l'exercice du droit d'allouer ou de refuser l'impôt : attendu, sans qu'il faille exposer ses autres moyens d'influence et de résistance, qu'une telle ressource manquerait devant une aggression violente; et que la force offensive, plutôt que la force défensive, se montrerait par le refus de l'impôt.

Bien loin que la balance des pouvoirs repose sur le vote des recettes et des dépenses, sur le droit du refus de l'impôt; au contraire, elle ne peut être faussée que par le mode abusif du vote des dépenses, dont la faculté n'est point déduite du langage, n'est induite que du silence de la Charte; au contraire, elle ne pourrait être renversée, que par l'acte arbitraire du refus de l'impôt, dont la possibilité est restée étrangère aux prévisions, aux présomptions, même aux suppositions de la charte.

Au jour de son origine, innocente et vierge encore, la charte a dit seulement, que tout impôt serait consenti par les chambres : la charte a remis en vigueur, le droit du consentement à l'impôt; la charte a entendu la nouvelle prescription, dans le sens de la tradition antique. Les mots tracés sur la feuille de papier, jusqu'alors privés d'expression, attendaient que l'esprit leur fût transmis des souvenirs de l'histoire, depuis les champs de mai, et la grande charte, et les États généraux, jusqu'au parlement de Paris, et aux États de province.

C'est-à-dire, que maintenant comme autrefois, on doit se borner quant au vote des dépenses, aux conseils, aux plaintes, aux remontrances, sauf dans le cas d'une obstination prolongée, à s'élever contre le ministère même ; et qu'on peut se porter quant au refus de l'impôt, jusqu'à repousser telle taxe inique ou nuisible, en offrant de la remplacer par quelqu'autre, sauf au cas d'une conduite révoltante, à mettre en jugement, les ministres mêmes.

. . . .

Ici s'offre à la pensée le nœud de la question politique, qu'il y aurait péril à trancher de vive force, soit d'un bord, soit de l'autre, et qu'il n'est donné qu'à la puissance ineffable du temps de débrouiller, de relâcher à un certain point.

La charte est libellée par écrit, est rédigée en peu de lignes : et qui ne sait que la législation, la jurisprudence si profondément conçues, si longuement commentées, souvent se montrent dans leur texte, équivoques ou inhabiles à l'appel des circonstances ; ne persistant encore, ne se survivant à elles-mêmes que par l'esprit.

L'esprit seul rectifie ; l'esprit seul est capable d'éclairer, d'éclaircir la lettre.

L'esprit de la charte est-il monarchique ? Voilà tout.

Or, que les ministres soient conseillés et blâmés, soient poursuivis et punis : rien de mieux.

Mais que les chambres ne soient pas ministres ; car

qui donc les conseillerait et les blâmerait ? Qui donc les poursuivrait et les punirait ?

Et la légalité étant impuissante, sans que l'idée en vînt à personne, un coup d'état se ferait de lui-même.

FIN.

Écrits publiés en juin et juillet 1829.

Du Vote de l'Impôt ;
Du Rapport sur le Budjet des dépenses ;
Mémorandum pour la session de 1830.